AF258897